葛剑雄 主编

路桥上的中国

山东画报出版社

图书在版编目（CIP）数据

路桥上的中国 / 葛剑雄主编. --济南：山东画报出版社，2021.7
ISBN 978-7-5474-3887-9

Ⅰ.①路… Ⅱ.①葛… Ⅲ.①公路桥—桥梁工程—中国 Ⅳ.①U448.14

中国版本图书馆CIP数据核字（2021）第059399号

LU QIAO SHANG DE ZHONGGUO
路桥上的中国
葛剑雄 主编

项目策划 赵发国
责任编辑 赵祥斌 张 欢 陈先云
装帧设计 王 芳

出 版 人 李文波
主管单位 山东出版传媒股份有限公司
出版发行 山東畫報出版社
社 址 济南市市中区英雄山路189号B座 邮编 250002
电 话 总编室（0531）82098472
市场部（0531）82098479 82098476（传真）
网 址 http：//www.hbcbs.com.cn
电子信箱 hbcb@sdpress.com.cn
印 刷 济南继东彩艺印刷有限公司
规 格 210毫米×260毫米 1/16
15.5印张 132幅图 102千字
版 次 2021年7月第1版
印 次 2021年7月第1次印刷
书 号 ISBN 978-7-5474-3887-9
定 价 168.00元

主　编

葛剑雄

撰　稿

葛剑雄　徐利平　陈雨人　赖允瑾

摄影师

菲利斯·比妥（Felice Beato）　梅荫华（Michel De Maynard）

张伯林（Thomas C. Chamberlin）　哈金斯（Tom Hutchins）

庞守义　陆　杰　郑宪章　杨　超　苏少龙

张　岩　郭　尧　晟　龙　袁玉忠　唐　克　陈一年

图片提供

张建国　张军勇　雍　坚

伍　艳　林冠珍　车志强

特别鸣谢

图虫网

序

五千多年前，我们的先人，沿着他们自己或前人开辟的道路，从长江流域、淮河流域、辽河流域，从蒙古高原、欧亚草原，从渤海湾沿、东海岸畔，走到了陶寺、石茆、二里头，汇聚在黄河之滨，开创了中华文明。

五千多年来，我们的先人，沿着他们自己或前人开辟的道路，走到了淮河流域、长江流域、珠江流域，直到南海诸岛；走到了辽河流域、松花江流域、黑龙江流域，直到外兴安岭；走到了汉中盆地、四川盆地、云贵高原、横断山脉，直到青藏高原；走到了河西走廊、天山南北、伊犁河谷、阿姆河流域，直到咸海之滨；走到了蒙古高原、贝加尔湖，直到西伯利亚；最终缔造了曾经拥有 1300 万平方公里辽阔疆域，至今还拥有 960 万平方公里国土、14 亿人口的伟大国家。

筚路蓝缕，以启山林。还在茹毛饮血、刀耕火种的岁月，先民用简单的工具，或者仅仅凭借血肉之躯，开辟出一条条道路，连接起越来越大的地域。

黄帝“披山通道，未尝宁居。东至于海，登丸山，及岱宗。西至于空桐，登鸡头。南至于江，登熊、湘。北逐荤粥，合符釜山，而邑于涿鹿之阿”（《史记·五帝本纪》）。其活动范围东至今黄海，西至宁夏南部，南至洞庭湖北部，北至河北、陕西北部。

公元前21世纪建立的夏朝，曾经在不同的都城间迁移，从阳城（今河南登封市东南告成）到斟鄩（偃师市二里头遗址），到帝丘（今濮阳县东南），到原（今济源市西北），到老丘（今开封市祥符区东南），到西河（今汤阴县东南）。或许还到过平阳（今山西临汾市西南）、安邑（今夏县西北）、晋阳（今太原市西南）和斟灌（今河南清丰县东南）。

商人在取代夏朝之前，已经从亳（今山东曹县东南）走到蕃（今滕州市），走到砥石（今地不详），走到商（今河南商丘市睢阳区东南），走到东都（山东泰山下），又走回商，再走到殷（今河南安阳市），走回商丘，再走回亳。商朝建立后，商人继续在走，中（仲）丁由亳走到嚣（隞，今荥阳市北敖山南），河亶甲走到相（今内黄县东南），祖乙走到邢（耿，今河北邢台市），又走到庇（今山东郓城县东北），南庚走到奄（今曲阜市），盘庚走到殷（今河南安阳市小屯），帝乙及其子辛（纣）还经常来往于牧（朝歌，今淇县东北）。

周人的始祖后稷（弃），被舜封于邰（今陕西武功县西南）。他的后裔不窋走到戎狄间（大致在今甘肃庆阳一带），他的孙子公刘走到豳（今陕西旬邑县西），古公亶父渡过漆水和沮水，翻过梁山，走到岐山下的周原（今岐山县境），文王（姬昌）走到丰邑（在今西安市沣河西岸）开创周朝的武王走到镐（在今西安市西）。

没有这些行走，就不会有夏朝、商朝和周朝的历史。要没有供夏人、商人和周人走的道路，就不会有夏朝、商朝和周朝的存在。

“周道如砥，其直如矢。”在周朝，主要的道路修得像磨刀石一样平整，像射出的箭那么顺直。当时已经有了专门负责修筑和维护道路的机构，道路的好坏成为官员政绩优劣和诸侯治乱的指标。春秋战国时期，中原的道路四通八达，小河上架起桥梁，大河边设立渡船，井陉、崤山的险道凿通，秦岭巴山间架设千里栈道，蜀道虽难也已通行。由于车、马是当时主要的陆路交通工具，绝大多数道路都可供车马行驶。

公元前221年秦朝的统一使原来各国间的道路连成一体，为了适应中央集权制度的需要，又修通了由首都咸阳出发连接全国大多数郡治的驰道。标准的驰道宽五十步（约今69米），每三丈（约今7米）种一棵树。秦始皇巡游从咸阳出发，涉及今陕西、甘肃、河南、山东、江苏、浙江、安徽、江西、湖北、湖南等，他经过的道路都按最高标准修筑维护。

西汉奠定了中国疆域的基础，西汉末年的疆域东至于海，西至巴尔喀什湖、帕米尔高原，北至阴山、辽河下游，南至今越南南部，全国的道路系统从首都长安连接各郡治。西域都护府管辖今新疆和相邻的中亚约200万平方公里范围内的数十个政权，由首都长安和都护府治所（乌垒城，今新疆轮台县东北野云沟）至各国的道路都有精确的里程记录。唐朝时，从长安出发的道路，最北曾到达蒙古高原以北的安格拉河，最南到达今越南中部，最西到达阿姆河流域，最东到达朝鲜半岛南部。18世纪中叶清朝完成统一，全国的道路网北起唐努乌梁海、外兴安岭，南至海南岛南端，东起库页岛，西至巴尔喀什湖、帕米尔高原。

早在西周时，渭河上建起了浮桥，以后黄河、长江上都出现了浮桥，将两岸的道路连成一体。东汉初就在褒斜道上开凿了近16米的隧道，东汉中期开通了穿越南岭的峤道。隋朝建成的赵州桥是世界上年代久远、跨度最大、保存最完整的单孔坦弧敞肩石拱桥。公元前3

世纪始建的褒斜栈道，到近代还在使用。20 世纪前期修建的第一批公路，大多直接利用历代延续的驿路官道。1876 年英国人在中国建设了第一条 14.5 公里的窄轨铁路，33 年后，中国人自己设计施工，建成了 201 公里高水平的京张铁路。1937 年，茅以升设计的中国第一座铁路、公路双层两用桥建成。抗战期间，中国几乎完全依靠人力在短期间建成了甘新（兰州—乌鲁木齐）公路、乐西（乐山—西昌）公路、滇缅公路（昆明—缅甸腊戍）、史迪威公路（云南—印度雷多）。

中国行进在大路上。

新中国建立后，战争的硝烟尚未消散，铁路已经在向前延伸。解放军进军西藏途中，《歌唱二郎山》的歌声就已响起，川藏公路已经修到二郎山。中国道路、桥梁史上多少个第一就此产生，所有空白几乎都已被填补，如砥如矢的大道已经不是诗人的夸张，四通八达的路网已经覆盖绝大部分国土。

改革开放以来，中国的大路越来越宽广，越来越伸展，越来越高效，越来越舒适。多少先人的梦想，多少工程师的追求，多少科学家的预言，首先在中国实现。多少个第一，多少个世界之最出现在中国的道路——最长的高速公路，最长的沙漠公路，海拔最高的铁路，海拔最高的隧道，桥隧比最高的公路，最长的铁路隧道，最长的公路隧道，里程最长的高铁网，最长的跨海大桥，最长的高铁桥，最长的公铁两用桥，跨度最大的斜拉桥，跨度最大的悬索桥……在本书付印时，几项新纪录又将产生。

中国行进在大路上。

中国的道路通向世界，通向未来。一条条公路、铁路连接一座座国门，一座座大桥飞越界河，一座座隧道打通障碍，中国的道路为世界道路网提供枢纽，为“一带一路”构建骨架，为利益共同体输送动力，为人类命运共同体疏通脉络，为未来描绘蓝图。

我想起了年轻时唱的歌：

> 我们走在大路上，意气风发，斗志昂扬。
>
> 我们的道路多么宽广，我们的前程无比辉煌！

中国行进在大路上，向着未来，向着世界，向着胜利的方向！

葛剑雄

复旦大学资深教授、中央文史研究馆馆员

2021 年 2 月

目　录

1949

筚路蓝缕　驿传九州

早在新石器晚期，中国就有了役使牛、马为人类运输而形成的驮运道。相传，黄帝发明了车轮，于是以“横木为轩，直木为辕”制造了车辆，继而产生了行道，黄帝也因此被尊称为“轩辕氏”。商朝时期，中国人已懂得夯土筑路、用石灰稳定土壤。从殷商的废墟中也发现有用碎陶片和砾石铺筑的路面。到周朝时，道路的规模和水平已有了相当的发展，出现了较为系统的路政管理，人们已将道路分为市区道路和郊区道路：城市道路分“经、纬、环、野”四种，南北之道为经，东西之道为纬，城中有九经九纬呈棋盘状，围城为环，出城为野；郊外道路分为路、道、涂、畛、径五个等级。战国时期，人们已经能够在山势险峻之处凿石成孔，插木为梁，上铺木板，旁置栏杆，唤为栈道，这是战国时期道路建设的一大特色。

秦始皇统一中国后立即修建了以首都咸阳为中心、遍布全国的驰道网。西汉王朝曾派张骞两次出使西域，远抵大夏国（今阿富汗北部），为沟通中国与中东及欧洲各国的经济和文化，开创了举世闻名的丝绸之路。历经三百多年的分裂，隋朝大一统时，又建造了数千里的道路。唐朝建立后，唐太宗下诏书于全国，保持全国范围内的道路畅通，实行道路保养。当时的道路布置井然、气度宏伟，影响远及日本。之后，历经宋元明清，各朝在道路工程方面均有不同的提高和贡献，尤其是元朝修建了自大都（今北京）通往全国的七条主干道，形成一个宏大的道路网，清朝利用原有驿道修建了 15 万公里的邮差路线。

鸦片战争后，西方列强用枪炮轰开了闭关锁国的清王朝的大门，中国的道路建设开始步入近代化。1876 年，中国土地上出现了第一条铁路——由英国的怡和洋行在华修建的吴淞铁路。不过，这条铁路很快被中国官绅赎回并拆毁。直到 1881 年，清政府开始修建唐山至胥各庄铁路，从而揭开了中国自主修建铁路的序幕。而由中国人自主设计和建造的铁路，便是由詹天佑担任总工程师的京张铁路。到清朝结束时，中国铁路运营里程已经达到 9000 公里。到 1949 年新中国成立前夕，中国铁路里程达到 2.18 万公里。

相对而言，现代公路的建设要晚于铁路。1896 年，从广西龙州至镇南关（今友谊关）长约 55 公里的第一条公路建成，中国才开始有了近代公路运输。不过，由于筑路无统一标准，公路的技术等级偏低，质量很差。平原地区，路基多半低下狭窄；山区公路，大多迂回曲折。急弯、陡坡常见且缺桥梁、少涵洞，渡口设备简陋，有路面者不多，绝大部分是土路，加以管理混乱，缺乏护路、养路制度，又经常受到破坏，行车状况很差。近代中国公路运输处于低微的地位，它在国民经济和社会发展中的应有作用未能得到重视和发挥。中华人民共和国建立后，公路运输才有了迅速的发展。

古代道路

五千多年前，我们的先人就披荆斩棘，开辟道路。历史更迭，到了周朝，“周道如砥，其直如矢”，条条道路像磨刀石一样平整，像射出的箭一样顺直。春秋战国时期，诸侯逐鹿中原，群英周游列国，纵横捭阖，得益于中原道路的顺达通畅。在这个时期，秦岭巴山间已架设千里栈道。以至于后来韩信可以“明修栈道，暗度陈仓”，声东击西，夺取关中。秦始皇封禅泰山，从咸阳到山东，所经之路，皆按照当时最高标准修筑维护。汉代疆域辽阔，并与西域沟通往来，同样得益于道路通达。唐朝都城长安是当时的国际大都市，城内街道纵横，从长安到其他各地的道路亦是四通八达。清朝完成国土统一，建起来了全国交通网。逢山开路，遇水架桥，在历史长河中，我们的先人从不畏艰难险阻，总是奋勇前进。开路的同时，还修建了跨越长江大河的桥梁，开凿穿山隧道，用智慧将天堑变通途，用坚韧不拔之精神打通关隘。

自古以来，道路就是国家经济发展的血脉，道路的发展历程是我们的先人不断探索、克服重重障碍的史诗。

秦直道

陕西省富县的秦直道

秦直道，纵贯内蒙古自治区、甘肃省和陕西省，关于其修筑目的有多种说法。千年来，秦直道一直都是交通干道，据说王昭君出塞就途经秦直道，直到清朝才逐渐废弃。

目前，秦直道遗址被列为国家重点文物保护单位。

汉中褒河石门栈道今貌

栈道亦称阁道，是高阁式的通道，也就是一种天桥，路途险恶，车马悬空行走，极为险峻壮观，是我国古代交通史上的奇迹。石门栈道是褒斜道的一段，也是最出名的一段。褒斜道开辟于史前时期，未修栈道前仅为谷道。战国时期范雎相秦时，沿褒河河谷悬崖凿孔，横木为梁，立木为柱，上铺木板、装上栏杆形成栈道。《战国策・秦策》记载“栈道千里，通于蜀汉”，此后褒斜道成为驿道。

栈道的工程结构主要有五种形式——平梁直柱结构、框架式结构、平梁直柱加斜撑结构、平梁立柱有棚盖结构和平梁无柱悬空结构。据北魏《石门铭》记载，路面的宽度，“阁广四丈，路广六丈”。由于梁柱为木结构，极易破坏，导致栈道时通时塞，时毁时建。

汉中栈道的修建是我国交通史、建筑史上的伟大奇迹，其通行，改变了古代南北方经济、政治、文化等方面发展不平衡的状态，促进了国家统一、民族团结。栈道通行三千多年，为社会的发展以及人类的进步发挥了巨大作用。

世界桥梁史上首创“敞肩拱”结构的赵州桥

赵州桥又名安济桥，位于河北省赵县的洨河上，是世界上首座敞肩式（空腹式）单孔圆弧弓形石拱桥，在桥梁史上是一个创举，为隋朝石匠李春所建。桥长 64.40 米，宽 10 米，全部由石头砌成。没有桥墩，一个拱形的大桥洞横跨在河面上，桥洞双肩上分别有两个小桥洞，发洪水时，可减轻流水对桥身的冲击力。

1860 年，北京通往通州道路上的一座精美的桥，
它造型简洁，护栏上的饰物雕琢精美。
菲利斯·比妥（Felice Beato） 摄

官道上的人力车

1903 年，时任英租威海卫行政长官的骆任廷访问山东各地时，只能乘坐人力车。

清朝时期，在交通工具、交通设施、交通动力、交通管理等方面，并没有质的突破，未出现我们目前认知的“道路”，仍以土路、砂石路为主，交通工具原始，如马车、人力车（轿子、手推车）等。但经清政府多次整顿，全国道路布局更加合理而有效。清朝把驿路分为三等，一等是“官马大路”，由北京向周围辐射，主要通往各省城，路面铺设石板，两侧种植松柏；二等是“大路”，自省城通往地方重要城市；三等是“小路”，自大路或各地重要城市通往各市镇。

茶马古道上的背夫

“北有丝绸之路，南有茶马古道。”茶马古道是指存在于中国西南地区的民间国际商贸通道，分陕甘、陕康藏、滇藏三条主要路线，连接川滇藏，延伸入不丹、尼泊尔、印度境内，直到抵达西亚、东非红海海岸，是中国西南民族经济文化对外交流的走廊。茶马古道，如同西南地区的“丝绸之路”，在中华民族的发展中发挥了重要的作用，如今，其作用已随现代文明的涤荡而逐渐湮没于历史的尘埃中。千年茶马古道通过茶马贸易，促进了当地许多城镇的形成，大大促进了西南地区的经济发展和对外交流。

张伯林（Thomas C. Chamberlin） 摄

历史上中国西南地区的交通大动脉——松茂古道

松茂古道是成都平原连接松潘和茂县的通道，在历史上曾经是中国西南地区的交通大动脉。千年来，松茂古道商贾来往不绝，沟通有无。藏区的毛皮、药材等被运到都江堰，都江堰的粮食、盐巴、布匹等生活必需品被运回藏区。图为从灌县（今四川都江堰市）松茂古道拍摄的都江堰鱼嘴、金刚堤和安澜索桥。

张伯林（Thomas C. Chamberlin） 摄

华北田野中常见的畜力运输

在中国历史长河中，受限于科技发展落后、社会生产能力低下，人畜力运输曾是主要的运输方式。这种运输规模小，耗时久，受天气条件、自然地貌等因素的限制多，运输效率低下。

梅荫华（Michel De Maynard） 摄

近代道路

鸦片战争后，帝国主义列强为掠夺我国的资源，修筑铁路、公路和桥梁，陆续建造了一批钢桥和钢筋混凝土桥。1909 年，詹天佑成功主持修建的京张铁路通车，标志着我国第一代工程技术人才走向历史舞台的中央。1912 年竣工的泺口黄河铁路桥是津浦线上最大的桥梁，164.7 米跨度的悬臂梁也是新中国成立前跨度最大的钢桁梁。浙赣线杭州钱塘江大桥是我国自行设计监造的公铁两用桥，由茅以升任大桥工程处处长、罗英任总工程师，主持工程监造，1937 年铁路桥和公路桥相继通车。

1907 年，中国第一座全钢结构铆接桥梁和不等高桁架结构桥梁外白渡桥建成。图为 1937 年淞沪会战爆发后，难民涌上外白渡桥。

人们在南口庆祝京张铁路的开通

京张铁路是连接华北和西北的交通要道，长 200 公里，由詹天佑主持修建，这是第一条完全由我国的工程技术人员设计施工的铁路干线。1905 年，清政府任命詹天佑为总工程师，修建京张铁路，消息一出，全国震动，都说可借此为中国人争口气，但帝国主义列强却认为这是一个笑话。

青龙桥车站西上下行火车同时开行

詹天佑毅然决然接受任务，勘探线路，周密计算。铁路经过青龙桥附近时，坡度特别大，詹天佑就设计了一种“人”字形线路。京张铁路不满四年就全线竣工，比原计划提前了两年。这给了藐视中国的帝国主义列强一个有力回击。

泺口黄河铁路大桥大气磅礴的雄姿

泺口黄河铁路大桥坐落在济南市区北，是津浦铁路上的一座跨河大桥。1909 年由德国人兴建，1912 年建成通车。在 20 世纪 50 年代之前，它是亚洲第一跨度大桥，詹天佑曾参与该桥的设计施工。它修成之后，成为北达京津、南至沪宁的重要交通枢纽。正是因为重要的地理位置，泺口黄河铁路大桥在战争年代屡遭炮火毁坏。新中国成立后，几经修复改造，至今仍发挥着重要作用。

命运多舛的钱塘江大桥

钱塘江大桥，又名钱江一桥，是中国自行设计、建造的第一座双层铁路、公路两用桥，由中国桥梁专家茅以升主持设计，它横跨钱塘江，远望六和塔，毗邻西湖，

钱塘江大桥诞生在硝烟弥漫的战争年代，命运多舛，为躲避日军轰炸，大桥在遮掩中施工，争分夺秒修建。公路桥和铁路桥分别于 1937 年 9 月 26 日和 11 月 17 日建成通车。为阻断日军南下，80 多天后，茅以升又亲手炸毁了自己设计的大桥（如右图）。虽然在战争中颠沛流离，但茅以升一直随身携带着修建钱塘江大桥的资料，他相信抗战必胜，此桥必复。抗日战争期间，钱塘江大桥三次修复，三次被炸毁。

现在的钱塘江大桥，于 1953 年修复，设计寿命 50 年，80 多年过去了，它虽历经风雨，仍坚如磐石，巍然屹立在钱塘江上。

为抗战胜利立下汗马功劳的京滇公路

云南地区地处西南边陲，地形复杂，道路交通原始落后，长期依靠人马驿道。抗战爆发后，为应对日本的侵略势头，国民政府决意修建连通中国中心——南京到昆明的京滇公路。经多年艰苦建设，滇黔（云南—贵州）公路路段于全面抗战爆发前夕修筑贯通，代表着京滇公路全线贯通，西南国防交通网初步形成，在云南乃至中国的交通发展史上影响深远，可谓“开西南交通史志新纪元”。同时，为宣扬“统一救国”思想，国民政府发起组织“京滇公路周览团”，对抗日战争及中国发展产生了深远影响。京滇公路成为抗战的交通要道，后方物资及军队输往前线，前方的人员、单位撤退都可以通过此路。同时，京滇公路连接滇缅、滇越、“驼峰”航线以及中印公路等关键线路，为抗战作出了重大贡献。

修建中的滇缅公路

滇缅公路，即中国云南省到缅甸的公路，又称中美合作公路、抗日公路等。滇缅公路于 1938 年开始修建，动用民工 20 万人、工程师 200 人。公路与缅甸的中央铁路连接，直接贯通缅甸仰光港。

滇缅公路原本是为了抢运中国国民党政府在国外购买的和国际援助的战略物资而紧急修建的，随着日军进占越南，滇越铁路中断，滇缅公路竣工不久就成为中国与外部世界联系的重要运输通道。这是一条诞生于抗日战争烽火中的国际通道，也是一条滇西各族人民用血肉筑成的国际通道。

抗日战争时期物资运输的大通道——二十四道拐

二十四道拐是抗战公路，也是史迪威公路的形象标识。抗日战争期间，抗战物资到达昆明后必须经过二十四道拐的滇黔线才能送到前线和当时的“陪都”重庆，是抗日战争中国际援华军需物资运输的大通道、中缅战区交通大动脉，为抗日战争取得全面胜利作出了不可磨灭的贡献。

新中国成立后，为使交通更加顺畅，并保护这段英雄路，1954 年，贵州省公路局在二十四拐临近坡面处将纵坡放缓，新修了一条6公里的回头弯沥青路，作为国道320线的主要通车道。如今，二十四道拐成为红色旅游景区，并举办数次汽车爬坡赛，历史与现实在这里交融。

1949—

峥嵘岁月　四通八达

-1978

新中国成立之初，交通运输面貌十分落后。全国铁路总里程仅 2.18 万公里，有一半处于瘫痪状态，能通车的公路仅 8.08 万公里，民用汽车 5.1 万辆。主要运输工具还是人力车、畜力车等。

新中国成立后，中国政府明确提出首先要创造一些基本条件恢复交通运输。经过三年的国民经济恢复期，修复了被破坏的交通运输设施设备，恢复了交通运输。1953 年起，开始有计划地进行交通运输建设。在第一个、第二个五年计划和国民经济调整期间，国家投资向交通运输倾斜，改造和新建了一批铁路、公路等，提高了西部和边远地区的交通运输基础设施覆盖程度，增加了运输装备数量。“文化大革命”期间，交通运输发展一度受到严重干扰，但设施和装备规模、运输线路仍在增加。这一时期的建设，为后来路桥建设的腾飞打下了坚实的基础。

从新中国成立到1978年，不到30年的时间里，中国的道路和桥梁飞速发展，日新月异，诞生了多个中国道路史上的第一和多个中国桥梁史上的第一，填补了中国道路和桥梁方面的空白，沟通南北、跨越东西的交通网初具规模，四通八达的交通网覆盖了大部分国土。川藏公路、青藏公路的建成通车，翻开了东西部交流的新篇章，成为联系藏族同胞的纽带。包兰铁路、郭亮挂壁公路等具有重要意义，武汉长江大桥、南京长江大桥等在中国桥梁史上都有举足轻重的地位。

川藏公路

在川藏公路修筑之前，通往西藏的道路“乱石纵横，人马路绝，艰险万状，不可名态”，从四川雅安到西藏拉萨间的 1958 公里，山高路远，货物主要靠牦牛运输，一年只能往返一次，骑马也需半年多的时间。

1950 年，毛泽东指示进藏解放军部队“一面进军，一面修路”。11 万人民解放军、工程技术人员和各族民工在艰苦的环境下以高度的革命热情和顽强的战斗意志，用铁锤、钢钎、镐头遇山开山，见河跨河，穿越二郎山、折多山、雀儿山、色季拉山等 14 座大山，跨越岷江、大渡河、金沙江、怒江、拉萨河等众多江河。四年多的时间，川藏公路全线贯通。在川藏公路的修筑过程中，数千名干部、战士和工人英勇捐躯，光辉业绩永垂青史。

川藏公路分为南线和北线，北线全长 2412 公里，沿途最高点是海拔逾 5500 米的雀儿山。南线总长 2146 公里，海拔相比北线较低。作为其他省份地区进出西藏的五条重要通道之一，川藏公路担负着联系祖国东西部交通的枢纽作用。

作为进藏的重要通道，很多游客心怀对旖旎风光的向往，对藏族文化的虔诚敬畏，而选择经川藏线进藏。从川藏公路南线可以看到高山、森林、悬崖、河流、峡谷、草原、海子、藏居，而川藏公路北线则截然相反，风光经年不变，中间一条河，两边光秃秃的山，然而人文气息浓厚。有人形象地说：“南线看风景，北线看人文。”

今日川藏公路南线上的风景

怒江 72 拐，也叫“川藏 99 道弯”，是川藏公路南线上最危险的路段之一。

穿过安久拉山的川藏公路南线

青藏公路

青藏公路东起青海省西宁市，西至西藏拉萨市，1950 年动工，1954 年通车，翻越昆仑山、唐古拉山、念青唐古拉山三大山脉，平均海拔超过 4000 米。青藏公路是世界上海拔最高、线路最长的柏油公路，也是通往西藏里程较短、路况最好且最安全的公路。一年四季通车，是 5 条进藏路线中最繁忙的公路。

青藏公路通车前，从拉萨到青海西宁往返一次，靠人畜运输，艰苦跋涉需半年到 1 年时间（单程是数个月），而公路只需数天，大大缩短了拉萨与西宁的交通时间。青藏公路是西藏与其他省份地区联系的重要通道，在青藏铁路建成通车之前，它一度承担着 85% 以上进藏物资和 90% 以上出藏物资的运输任务，在西藏经济发展和社会稳定中发挥着重要作用，被誉为西藏的“生命线”。

青藏公路西藏当雄段，远处就是念青唐古拉雪山。

行驶在青藏公路上的卡车

从青海到西藏，路途遥远，地形复杂，有些路段崎岖难行，还要翻越昆仑山、唐古拉山口。唐古拉山终年风雪交加，号称“风雪仓库”。青藏公路穿行在海拔 4000 米以上的青藏高原，是世界上海拔最高的公路。青藏公路之艰险由此可见一斑，对司机来说，每次往返都是巨大的挑战。

苏少龙 摄

青藏公路穿过可可西里的长江源支流楚玛尔河

唐古拉山的脚下就是可可西里自然保护区，藏铃羊是这里的精灵，可可西里因保护藏羚羊的故事而广为人知，值得庆幸的是，那些残酷的盗猎事件已成为历史，现在这里是藏羚羊的诗意栖息地。

青藏公路沿路美丽的风景

“非常之观，常在于险远”，青藏公路沿途风景奇绝，从西宁出发，经过湖光潋滟的青海湖，翻越神奇的唐古拉山，经过具有“中华水塔”美誉的那曲，最后到达纳木措。纳木措是西藏“三大圣湖之一”。

世界上海拔最高的公路——青藏公路

武汉长江大桥

武汉长江大桥横跨于武昌蛇山和汉阳龟山之间，全长约 1670 米，是我国在万里长江上修建的第一座铁路、公路两用桥，上层是宽阔的公路，六辆汽车可以并行，下层是双轨铁路，两旁还有宽敞的人行道。桥下净空，可供大型轮船终年通行无阻。江心 8 墩 9 孔，每孔跨度为 128 米，可通万吨巨轮。8 个桥墩除第 7 墩，其他都采用大型管柱钻孔法，这是中国首创的新型施工方法。桥梁非常坚固，1955 年 9 月 1 日动工，1957 年建成通车，直到 2002 年 8 月，大桥才进行了首次大修。

大桥的建筑设计极富中国民族建筑的特征，其桥面两侧是铸有各种飞禽走兽的齐胸栏杆，而大桥的两侧则是对称的花板，内容多取材于我国的民间传说、神话故事，如“孔雀开屏”“鲤鱼戏莲”“喜鹊闹梅”“玉兔金桂”等。大桥两端是高约 35 米的桥头堡，从底层大厅至顶亭共七层，堡亭为四方八角，上有重檐和红珠圆顶，堡内有电梯和扶梯供行人上下。

武汉长江大桥全部工程，包括连接武昌和汉阳的长江大桥正桥、连接汉阳和汉口的汉水铁路桥、汉水公路桥（江汉桥）、12.9 公里的铁路联络路线和 4.5 公里的公路联络线以及跨越市区街道的 10 座跨线桥。

建设中的武汉长江大桥

哈金斯（Tom Hutchins） 摄

鸟瞰武汉长江大桥

“一桥飞架南北，天堑变通途”，1956 年夏天，毛泽东来到武汉，当时武汉长江大桥初具规模，他即兴写下了此恢宏豪迈的词句。武汉长江大桥打通了被长江隔断的京汉、粤汉两条铁路，成为连接南北的咽喉，对促进南北经济的发展有举足轻重的作用。

建桥伊始，工程就备受关注，国家将其视为“百年大计”，聚全国之力筹备，从 1950 年到 1955 年，光是筹备工作就进行了 5 年，从大桥的桥址线到桥式、净空、建桥材料，甚至是桥头堡的设计等，都进行了反复论证和试验。

建桥时采用了当时世界上最先进的施工工艺——管柱钻孔法。原计划 4 年零 1 个月完工，实际上仅用了 2 年零 1 个月。

右侧图片摄于 1957 年，是武汉长江大桥刚落成时的景象。它雄伟壮丽，横跨长江，气势磅礴，60 多年过去了，风采依旧，一直是武汉的一张名片。

橘子洲大桥

橘子洲大桥修建于 20 世纪 70 年代，采用当时极为流行的双曲拱桥形式，这种建筑形式之所以流行一时，是因为双曲拱桥具有施工工期短、施工方便、造价低、承载能力强等优点，适合当时的中国国情。限于客观条件，修建橘子洲大桥采取的是人海战术和义务劳动的办法，整整一年，前后有 80 多万人次参加该桥建设，大桥才得以竣工。橘子洲大桥的建设是当时中国人自力更生的典范，它也是当时中国规模最大的公路双曲拱桥之一。

俯瞰今日橘子洲大桥

晟龙 摄

跨越河流山川，直达幸福的彼岸

郭亮挂壁公路

郭亮挂壁公路位于河南省新乡市辉县沙窑乡郭亮村，又称郭亮洞、郭亮洞挂壁公路、万仙山绝壁长廊、郭亮隧道、郭良隧道、郭亮村绝壁长廊。始建于 1972 年，1977 年完工，全部由郭亮村村民独立手工完成，是现实版的“愚公移山”，其中主要负责开凿的十三位村民被称为郭亮洞“十三壮士”。

郭亮村原为当地的贫困村，为使乡亲们不再爬天梯，村民能走下山，解决孩子上学难的问题，1972 年，在村支书的带领下全村人卖掉山羊、山药，集资购买钢锤、钢錾，十三位村民在无电力、无机械的状况下历时五年开凿完成。挂壁公路险峻陡峭，一侧为万丈深渊，开凿过程艰险，通车后解决了村民的进出问题，但行车环境险恶，极其考验驾驶员对道路的熟悉程度及心理素质，是名副其实的“生命线”。

绝壁长廊

凉风垭隧道

凉风垭隧道位于贵州省遵义市桐梓县境内的渝黔铁路（又叫川黔铁路）上的桐梓—凉风垭站间，穿越大娄山。隧道周围山势险峻，川黔公路著名的“七十二拐”就蜿蜒在隧道的上方。隧道长 4270 米，主要地层为志留系和奥陶系石灰岩，断层构造发育，岩层破碎，裂隙水丰富，全隧道出水量每昼夜曾高达 1993 吨。建设者创造性地采用上下导坑、先拱后墙的方法进行施工，并在距线路上坡方向右侧 20 米处设置平行导坑，成功解决了施工中的通风、排水和运输等问题，为我国穿山隧道修建积累了经验。凉风垭隧道是中国第一座采用平行导坑法施工的长隧道，此后，贵昆、成昆等铁路线上的长隧道相继采用凉风垭隧道的施工技术。

铁路隧道的施工典范——凉风垭隧道

1978—

四化宏图　周道如矢

-2013

1978 年，改革开放揭开了中国经济社会发展的新篇章，交通运输步入了快速发展阶段。中国政府把交通运输放在优先发展的位置，加大政策扶持力度，在放开交通运输市场、建立社会化融资机制方面进行开创性探索，积极扭转交通运输不适应经济社会发展的被动局面。1988 年沪嘉高速公路通车，实现中国大陆高速公路零的突破；自 1997 年起铁路进行了连续六次大提速；提出“修好农村路，服务城镇化，让农民兄弟走上油路和水泥路”的发展目标，掀起农村公路建设新高潮；2008 年，京津城际铁路通车运营，中国开启了“高铁时代”；2011 年建成通车的京沪高速铁路，是世界上商业运营速度最高、里程最长的高速铁路；2013 年，西藏墨脱公路建成通车，中国真正实现县县通公路。

我国城市轨道交通建设始于20世纪50年代至70年代，直到20世纪80年代末，我国仅北京和天津有地铁，共40公里。20世纪至80年代末90年代初期，以上海地铁一号线、北京地铁复八线、广州地铁一号线建设为标志，我国真正意义上开始了以交通为目的的城市轨道交通建设。进入21世纪，北京、上海、广州三市共拥有地铁运营里程105公里。到2012年年底，我国17个城市开通70条轨道交通运营线路，运营里程2064公里，其中地铁线路1726公里。

公 路

1978 年改革开放之后，国民经济焕发蓬勃活力，这对交通运输提出更高的要求，国家对公路建设给予了高度重视，颁布了国道网规划，确定了首都放射线 12 条，南北纵线 28 条，东西横线 30 条，共 70 条国道，并采取措施，加快国道建设。“八五”以来，在国道网规划基础上，又提出“五纵七横”12 条国道主干线国道规划。1996 年底，全国公路通车总里程达 118.6 万公里，其中高速公路 3422 公里。有些地区已经形成或正在形成以高速公路为主的公路网。“九五”期间集中建设“三纵两横”和两条重要国道主干线。中西部地区交通有所改善，国防公路得以加强。2001 年到 2010 年，重点建设“五纵七横”中剩下的“两纵五横”中剩余的路段，改善提高边境口岸公路，完成川藏、青藏公路的整治和改造，实现行政村之间基本通公路。

正在建设中的沙漠公路苜蓿叶式立交桥

中国最早的沙漠公路——新疆塔克拉玛干沙漠公路

新疆塔克拉玛干沙漠公路（塔里木沙漠公路）是目前世界最长的贯穿流动沙漠的等级公路，也是中国最早的沙漠公路。塔克拉玛干沙漠里，第一条公路是轮台至民丰沙漠公路（1995 年贯通）；第二条公路是阿拉尔至和田沙漠公路（2007 年贯通）；第三条公路是阿拉尔至且末沙漠公路（2019 年贯通）；第四条公路是尉犁至且末沙漠公路（于 2017 年 10 月开工建设，预计 2021 年开通运营）。这四条线路均从南至北贯穿整个塔克拉玛干沙漠，不仅给沙漠边缘的城市带来了巨大的便利，更是打通了沙漠中石油气资源的运输线路，为开采沙漠中的石油气资源打下了坚实的基础。

沙漠公路如同一条黑色长龙，随着沙漠起伏绵延。由于塔克拉玛干沙漠是流动性沙漠，沙丘高低起伏，路面最大起伏可达 25 米，如不采取有效的防护措施，流沙极易淹没路面，侵蚀沙漠公路路基和路面，造成沙丘压埋公路，严重威胁着沙漠公路的畅通。

草方格固沙技术和沙漠公路绿化带

为应对沙丘的移动，工程技术人员采取了配套完备的防护设施，全线形成阻、固、输、导、控相结合的完整的防沙体系。工程人员利用草方格在公路两侧建立机械防护体系，当黄沙经过草方格流动性减退之后，工程人员再通过种植梭梭、柽柳等抗旱耐盐性极高的沙漠植物，凭借生物防护措施捍卫这条沙漠大动脉不受侵害。公路两侧的草方格与防沙植被随沙丘起伏绵延，犹如一条千里锁链牢牢缚住了黄色巨龙，令其动弹不得，其雄伟壮观的气势动人心魄，也为塔克拉玛干大沙漠增添了一道独特的风景线。

新疆塔克拉玛干沙漠公路轮台县段风景

轮台县至民丰县段是塔克拉玛干沙漠的第一条公路，北起轮台县南部，南到塔克拉玛干沙漠南缘的民丰县，全长522公里，1995年9月建成通车，是世界上在流动沙漠中修建的最长等级公路。该路段两侧的一道道绿化带，由人工栽种的红柳、梭梭等耐旱沙生植物组成，与无边的沙海构成一幅美丽的画卷，因此被誉为世界上第一条“沙漠绿色走廊”。

壮美的天门山盘山公路

张家界天门山盘山公路有“通天大道”之称，两侧的山势巍峨险峻，道路线形本身也极具美感，似玉带环绕山脉，巧妙地连接起点与终点。在如此陡峭、险峻的地势条件下，选线工作与修筑工作非常困难。通天大道其势惊险奇绝，正是得益于卓越的选线技术，凝聚着全体工程人员的智慧与心血。

通天大道将自然展线与回头展线的应用体现得淋漓尽致，路线最大程度上顺应自然地形布设，并以适当的坡度延展距离，美观而高效。同时，在高差变化过大处采用回头曲线，借助迂回的路线巧妙地克服了高差，并且在路线敷设过程中尽可能地保持原有地形地貌，造就了此等奇景。可以说，一段优美的道路，既得益于大自然的鬼斧神工，也得益于道路设计师的匠心独运。

宛若缎带，使山川更加秀丽

最美公路——蜿蜒曲折的新藏公路

新藏公路于 1957 年 10 月建成通车，是继川藏公路、青藏公路之后，进入西藏的又一条通道。从高空俯视，新藏公路千转百回、蛇行斗折，犹如九曲羊肠，在视觉上带来一种粗犷的美感。实际上，曲折的线性是为了克服崎岖恶劣的地形，蜿蜒曲折之美的背后，正是藏地难以描述之险。新藏公路沿途穿越巍峨耸立的昆仑山、喀喇昆仑山、冈底斯山和喜马拉雅山，平均海拔 4500 米以上，高寒缺氧荒无人烟，可以说是世界上海拔最高、条件最苦的公路。

新藏公路的开通，开辟了一条新疆通往西藏的捷径，对巩固西藏边防和促进西藏地方建设起到了巨大的推动作用。耸入云天的山道，像条洁白的哈达，把新疆和西藏连在了一起。为提高新藏公路的通行能力，近几年来国家增大投入，对部分路段进行改建，随着交通基础设施的优化，千里昆仑朝发夕至应不是梦想。

699
G217

最美公路——新疆独库公路

沪渝高速上海段，路两旁绿色荡漾，风光旖旎。

郑宪章 摄

（上页图）G50 沪渝高速

G50 沪渝高速，是上海—重庆的高速公路，是国家高速公路网东西向干线之一，它的贯通实现了长江上、中、下游的快速互通，是首条真正意义的贯穿“长三角”的高速公路通道，对加强“长三角”的经济往来具有重大意义。

天梯高速、云端上的高速公路——雅西高速公路

雅西高速公路连接雅安市和西昌市，起于雅安对岩镇，止于凉山州冕宁县泸沽镇，全长 240 公里，它的建成彻底改写了横断山脉交通不便的历史。由于工程地形条件极其险峻、地质结构极其复杂、气候条件极为多变、生态环境极其脆弱、建设条件极其艰苦、安全营运难度极大，雅西高速公路被国内外专家学者公认为国内乃至全世界自然环境最恶劣、工程难度最大、科技含量最高的山区高速公路之一，也被称作“天梯高速”“云端上的高速公路”。

铁 路

随着改革开放的不断深入发展，中国锐意进取，在广袤大地上，铁路密织成网，高铁迅疾而驰。20 世纪 80 年代“南攻衡广、北战大秦、中取华东”；90 年代“强攻京九、兰新，速战宝中、侯月，再取华东、西南”；到世纪之交，先后建成了大秦、京九等铁路干线，衡广、兰新等铁路复线，并完成一大批铁路干线电气化改造项目。

截至 20 世纪 90 年代末，国家在西北、西南地区建成宝成、川黔、成昆、兰青等十几条铁路干线；在华东、华北、东北和中南等地，也修建了一批铁路干线和支线。新建的京九、南昆两大铁路干线，纵贯南北，为华东、中南和西南地区发展开辟了新的交通要道。

20 世纪 90 年代，高铁发展提上日程。起初，中国独立研制开发，摸着石头过河，技术人员拿出“蚂蚁啃骨头”的精神，通过不断探索，独立研制成了“先锋号”高速动车组，在我国自建的第一条客运专线——秦沈客运专线上，其最高试验时速达到 292 公里。2008 年，京沪高铁正式开工，在这之前，有关部门和专家学者光是前期研究和准备工作就干了 18 年之久。5 年后，全长 1318 公里、设计时速 350 公里的京沪高铁建成通车，成为世界上一次建成线路最长、技术标准最高的高速铁路。

1995 年 11 月 16 日，京九铁路铺至赣粤交界点定南县老城镇，至此京九铁路全线铺通。

京九铁路——中国境内一条连接北京市至香港特别行政区的国铁Ⅰ级铁路

京九铁路线路呈南北走向，串联华北、华中、华东和华南地区，是国家“八五”计划的第一号工程，是中国当时仅次于长江三峡水电站的第二大工程，也是中国国内投资最多、一次性建成的最长双线铁路；为中国“三横五纵”干线铁路网中的一纵。

1983年，中国国务院第一次公布“京九铁路”名称，线路采用兴建新线与合并旧线的方式修筑，分期分段建设运营。1993年，京九铁路全线动工建设，1996年9月1日全线开通运营，2003年1月10日完成全段复线铺设，2008年8月6日启动全线电气化改造工程，2013年2月6日完成全线电气化改造。

京九铁路的开通，打破了中国铁路发展的“瓶颈”，完善了铁路网的布局，对维护港澳地区的稳定与繁荣，起到了积极作用，同时，加快了铁路沿线革命老区的发展。

世界上海拔最高的高原铁路——青藏铁路

青藏铁路简称青藏线，是一条连接青海省西宁市至西藏自治区拉萨市的国铁Ⅰ级铁路，是中国新世纪四大工程之一，是通往西藏腹地的第一条铁路，也是世界上海拔最高、线路最长的高原铁路。

青藏铁路分两期建成，一期工程东起青海省西宁市，西至格尔木市，于 1958 年开工建设，1984 年 5 月建成通车；二期工程东起青海省格尔木市，西至西藏自治区拉萨市，于 2001 年 6 月 29 日开工，2006 年 7 月 1 日全线通车。

青藏铁路被誉为“天路”，以青海省西宁市为起点，穿越青藏高原，跨越可可西里无人区，翻越唐古拉山，穿越藏北羌塘草原，直达圣城拉萨。

苏少龙 摄

青藏铁路跨过沱沱河

青藏铁路昆仑山段，高山草甸，风景独特。

苏少龙 摄

驶出北京南站的高速列车

京沪高速铁路，简称京沪高铁，又名京沪客运专线，是一条连接北京市与上海市的高速铁路。京沪高速铁路于 2008 年 4 月 18 日正式开工，2011 年 6 月 30 日全线正式通车。京沪高速铁路北京南站至上海虹桥站，全长 1318 公里，设 24 个车站，设计的最高速度为 380 公里 / 小时。2017 年 9 月，京沪高速铁路的运营速度高达 350 公里 / 小时。截至 2021 年 6 月，京沪高速铁路已开通运营 10 周年，共发送旅客 13.5 亿人次。

万家灯火中，京沪高铁驶出北京南站。

跨越黄河

到达上海虹桥站

桥 梁

改革开放之后，中国经济复苏，中国桥梁技术发展并迅速崛起。20 世纪 80 年代，建成了多座斜拉桥，如天津永和桥、南海九江桥等，在拱桥方面还出现了钢管混凝土拱桥和无风撑的下承式系杆拱桥，反映了中国桥梁建设达到了一个新的高度。90 年代，中国桥梁建设取得了新成就，上海南浦大桥的建成堪称中国桥梁史上的里程碑，标志着中国正大踏步走向世界桥梁强国之列。到了 21 世纪，跨江、跨河等大跨度桥梁建设成为发展主流，比如上海长江隧桥、苏通长江公路大桥等，都是典型代表。

20 世纪 90 年代初建成的主跨 452 米的汕头海湾大桥填补了我国现代悬索桥的空白，1997 年自主建成我国首座现代钢悬索桥广东虎门珠江大桥，同年我国第一座超公里悬索桥江阴长江公路大桥建成通车，为我国日后悬索桥技术步入世界先进行列奠定了基础。

夜幕中的东海大桥

舟山连岛工程西堠门大桥

西堠门大桥是主跨达1650米的悬索桥，2009年建成通车。大桥采用分离双箱的桥面以满足抗风稳定性的要求。

西堠门大桥桥塔选用“佛光黄”作为主色调，使大桥显得庄严、吉祥，线条明快而醒目，十分鲜明地表达了舟山群岛的“海天佛国”这一地域特色。

西堠门大桥

1991 年，南浦大桥合龙前

“宁要浦西一张床，不要浦东一套房”，虽然只有一江之隔，但浦东在上海人眼中不亚于荒郊野外。1990 年 4 月 18 日，党中央国务院正式宣布开发开放浦东。一年后，南浦大桥落成，彻底将浦东和浦西连在一起，只能坐船过黄浦江“进上海”的历史宣告结束。南浦大桥是上海市区第一座跨越黄浦江的大桥，宛如一条昂首盘旋的巨龙横卧在黄浦江上，它使上海人圆了“一桥飞架黄浦江”的梦想，成为开发浦东的起步工程之一。从此，便利的交通环境为浦东的腾飞插上了翅膀，南浦大桥也见证了浦东日新月异的变化。

陆杰 摄

造型流畅优美的南浦大桥及引桥

郑宪章 摄

隧 道

中国隧道的发展与公路、铁路发展联系密切，平线公路和干线铁路都有隧道路段，成昆铁路全线共有 425 座隧道，总延长 344.7 公里。20 世纪五六十年代，中国隧道建设在摸索中积累经验，到了 70 年代，在借鉴国外先进经验和引进先进技术设备的基础上，形成了自己的一整套施工技术。到了 90 年代中期，我国隧道建设达到了新水平，与世界接轨。这一时期，最有代表的工程是西康铁路的秦岭隧道，全长 18460 米，在施工中利用了当时世界先进的全断面隧道掘进机（TBM）机械化施工手段，秦岭隧道的开通标志着中国隧道建设进入一个新时代。21 世纪，中国隧道建设迈入发展快车道，2010 年 4 月 26 日，中国大陆第一条大断面海底隧道——厦门翔安海底隧道建成通车，为中国海底隧道建设积累了宝贵经验，为之后建设厦门至金门、福建至台湾本岛的海底隧道提供借鉴。

中国最长的铁路隧道——乌鞘岭隧道

乌鞘岭特长隧道全长 20.05 公里，于 2006 年 8 月 23 日实现双线开通，兰新铁路兰武段（兰州西至武威南）新增二线铁路全面建成，欧亚大陆桥通道上的“瓶颈”被消除，连云港至乌鲁木齐间的 3651 公里全部实现双线通车。

“二郎山，高万丈”——二郎山隧道群

二郎山隧道群位于川藏公路的雅安市和甘孜藏族自治州交界处的二郎山，它起于天全县龙胆溪川藏线，止于泸定县别托山川藏公路，全长约 8600 米。其中，二郎山隧道约 4180 米、别托山隧道约 100 米、和平沟大桥约 120 米，道路等级为山岭重丘三级公路，洞口海拔 2200 米，是川藏线改造咽喉工程。这座轴线分水岭海拔 2948 米、隧址海拔 2200 米、最大埋深 748 米、主洞长 4176 米的二郎山公路隧道，于 1996 年 7 月开工，历时五年，2001 年 12 月竣工。开工时是国内最长、埋藏最深、海拔最高、地应力最大的特长山岭公路隧道。

袁玉忠 摄

世界上最长的双洞高速公路隧道——秦岭终南山公路隧道

秦岭终南山公路隧道的建设克服了地质断层、涌水、岩爆等施工难题，借鉴日本、美国、奥地利、德国、挪威等国家的特长隧道建设经验，破解了通风、火灾、监控等运营中的重大技术难题。秦岭终南山公路隧道拥有国际领先的防灾救援系统、监控管理系统和运营服务系统，是第一座由我国自行设计、自行施工、自行监理、自行管理，综合技术水平最高的高速公路特长隧道；它的建成通车，标志着我国公路隧道的设计、施工和运营管理水平跃上了新台阶。

城市道路

城市道路承载着城市的历史，随着城市一起成长，就像城市的条条血脉，为城市输送能量，让城市充满活力。伴随着改革开放的步伐，城市交通日新月异，城市发展突飞猛进。

这一时期，城市轨道交通达到了全新水平。轨道交通是城市快速轨道交通的简称，指城市中有轨的公共交通运输系统，承载量大，可大大提高城市交通运送能力，缓解城市交通拥堵，因此被誉为“城市交通主动脉”。改革开放以来，中国城市交通主要经历了从火车、地铁、轻轨到磁悬浮列车和高速铁路的发展阶段。

随着城市规模的不断扩大，城市环线路网建设也快速发展，上海长江隧道、胶州湾海底隧道的开通为中国隧道的发展又增添了精彩华章。

北京第一条环路“三环路”全线贯通

（上页图）济南第一座立交桥——八一立交桥

1988 年 8 月 8 日，八一立交桥建成通车。为了一睹全市首座立交桥的风采，济南当天万人空巷，一辆辆汽车鱼贯而过，市民们有的骑车，有的步行，纷纷上桥体验，桥下也站满围观的人群，场面非常壮观。

八一立交桥位于济南市市中区，东西连通经十路，南北连通英雄山路和纬二路，因占用原济南军区八一广场和原八一礼堂旧址，故定名为八一立交桥。最初八一立交桥采用苜蓿叶式设计，其外观完美对称，交通运行连续且自然，且因其建设简单、造价经济，在世界各地应用极为广泛。但苜蓿叶式立交也并非完美，为避免转弯过于急促，必须设置较大的匝道半径，用以提高行驶速度和行车安全，极易导致占地面积过大和整体通行效率不高的问题。但在 20 世纪 80 年代，城市道路立体交叉引入中国仅有十余年，相关建设经验毕竟没有今日成熟，更何况八一立交桥的建成，很好地满足了济南当时的通行需要，对缓解交通压力、促进济南的城市建设有重大意义。除此之外，一座气势恢宏的城市立交桥，更寄予着济南人对未来生活的美好祝愿，正如当年《济南日报》文章所言，这是“泉城人的骄傲”。

庞守义 摄

世界最长、断面最大的盾构越江隧道——上海长江隧道

上海长江隧道破解了隧道断面超大掌子面难以稳定、地质条件超复杂和一次掘进长度大等诸多难题，成功实现了安全贯通，施工质量优良，收获了超大直径长距离泥水平衡盾构的抗浮、长距离掘进保持开挖面稳定，以及防灾、耐久性、防水、施工监控和风险控制等一系列关键技术成果，为构建我国超大型特长盾构隧道建设的技术体系奠定了坚实的基础。自此，我国盾构隧道建设又跃上了新台阶。

（上页图）璀璨的燕山立交桥

燕山立交桥位于济南市区经十路与二环东路交叉处，为一半苜蓿叶半定向型5层互通式立交，是济南市的主要交通枢纽，也是泉城济南的门面。从桥上可看到千佛山、燕子山等济南名胜。

郭尧 摄

中国首条磁浮线路——上海磁悬浮列车

2001年1月，上海磁浮列车工程项目启动，2006年4月27日，首条线路上海磁浮列车示范运营线开通运营，这也是中国首条磁浮线路。

广东发展银行
SMT

陆家嘴环路
世纪大道

（上页图）上海最大的人行天桥——陆家嘴环形天桥

陆家嘴是上海的金融中心，摩天大楼鳞次栉比，众多知名跨国企业总部聚集。这里是领略上海国际风范的打卡地，陆家嘴环形天桥是上海最大的人行天桥，被誉为“空中走廊”，是浦东最佳观景平台，在这里可同时看到上海中心大厦、金茂大厦、环球金融中心。

郑宪章 摄

青岛胶州湾海底隧道

青岛胶州湾隧道是山东省青岛市境内连接黄岛区与市南区的过海通道，位于胶州湾海域，是青岛市西南部城市主干路的构成部分。青岛胶州湾隧道于 2006 年 12 月 27 日举行动工仪式；2009 年 4 月 28 日完成主体贯通工程，隧道全线贯通；2011 年 6 月 30 日通车运营。青岛胶州湾隧道南起滨海大道，下穿胶州湾海域，北至四川路；线路全长 7.797 公里，跨海部分长 4.095 公里；道路设计为双向六车道城市主干路，设计速度为 80 公里 / 小时。

左图为胶州湾隧道西海岸出入口，大海对面是青岛主城区。

张岩 摄

乡村道路

“要想富先修路”，一直以来，道路是发展农村经济的首要条件，是解决“三农问题”的基础，是帮助农民脱贫致富的有效途径，是“惠民工程”“民心工程”。乡村道路是我国交通网络的重要组成部分，它连接着县、乡、镇、村，连接着高速公路、干线公路和多个旅游景点，是直接服务于广大农民和农村经济的基础性建设。

新中国成立70年来，尤其是改革开放以来，我国农村公路发展大体呈现为建设起步阶段（1949—1977年）、加快发展阶段（1978—2002年）、快速发展阶段（2003—2013年）、高质量发展阶段（2014年以后）。

21世纪以来，为适应全面建设小康社会的要求，从中央到地方更加重视乡村公路的发展，进一步加大了乡村公路建设的投资力度，乡村公路日益完善，基本实现“村村通”。乡村道路的发展，激发了广大乡村的发展潜能，成千上万因交通阻塞贫穷落后的村庄走上了致富之路，村容村貌焕然一新。

航拍济南南部山区盘山路

济南南部山区村庄阡陌交通，兴旺发达。
杨超 摄

江西婺源油菜花田里的盘山公路

黔东南加榜梯田中的乡间公路

2013—

时代新路　高速驰骋

-2020

公 路

条条大路，纵横中国大地，连着历史，通达未来，它们仿佛是镌刻在大地上的奔腾血脉，它们到哪里，富裕幸福就延伸到哪里。十八大以来，我国公路建设揭开新篇章，路网规模、技术等级、通达深度等方面发生了翻天覆地的变化。国家公路网不断补“断头”、填“空白”、畅“动脉”，原“7918”国家高速公路网基本建成，国省干线公路连接了全国县级及以上行政区。2018 年，全国公路总里程、公路密度均为新中国成立初期的 60 倍，14.26 万公里高速公路如同大动脉为经济社会发展输入不竭动力，404 万公里农村公路如同“毛细血管”成为民生路、产业路、致富路。

我国公路设计和施工水平日日精进，从追赶到领跑，创新是不变的内核动力，每一次跨越，都彰显着中华儿女的睿智和胆识。从京新高速到超级工程港珠澳大桥，大数据、云计算、物联网、移动互联网等新一代信息技术，在公路建设、养护、运输组织和管理领域的广泛应用，使我国公路不断实现历史性跨越，人们出行愈加顺畅。

道路的通达促进农村经济的发展，同时，农村经济的发展对交通的要求越来越高。党的十八大以来，习近平总书记多次就农村公路发展作出重要指示，要求建好、管好、护好、运营好农村公路，让广大农民享受到交通运输发展的成果，截至 2018 年年底，农村公路总里程达到 404 万公里。条条大路修到村头，通到乡亲们的家门口，“晴天一身土，雨天一脚泥”成为历史。“美丽乡村”建设、新农村建设等的实施，使广大农村更加美丽，农民更加富足。

路通百业兴，一次次飞跃，一个个里程碑，砥砺奋进的脚步永不停歇，而今迈步从头越，奋进的中国正在谱写新时代新路的精彩乐章。

（上页图）京新高速两侧的固沙方格

京新高速临白段位于“一带一路”倡议核心区域，穿过数百公里的沙漠与戈壁，是典型艰苦地区建设的高速公路。其经过的额济纳旗，素有“风起额济纳，沙落北京城”之说，每年 8 级以上大风、沙尘暴和扬沙天气有 82 至 142 天。同时临白段沙土较细且流动性强，年平均移动速度约为 18 米，如果不固定住移动沙丘，流沙很容易覆盖公路。

为应对沙害，工程人员就地取材，设计了 2 米长、0.2 米宽的填充式防风沙袋，以田字型交叉叠放，形成一个个一平方米的小方格。防风沙袋均以耐寒耐晒材料制成，使用寿命长达 20 年，有效改善了土壤环境、恢复了沙漠中的植被，环保效益巨大。除此之外，工程人员还在沙袋外围设置了阻沙堤和高立式沙障，因地制宜、综合治理，构成了一个整体的防沙系统，起到固定沙丘、防治沙害的作用。

京新高速向沙漠深处延伸

对于一心想去额济纳旗的人而言，受制于恶劣的自然环境因素，过去想要自驾来此几乎是一件不可能的事。如今，这一切已成往事，京新高速临白段如利剑般劈开沙漠荒原，横贯六省，任由驰骋；它更是北京通往新疆的又一条崭新动脉，给西部边疆大发展注入源源不断的活力。

京新高速对于沿线人民尤其是阿盟人民来说，更是一条“幸福天路”，它从根本上改变了内蒙古阿拉善盟长期处于国家干线公路网死角和末梢的局面。通车后，居住在这里的人可以直接驱车上高速，向东可以直达首都，向西可以穿越甘肃直至新疆，再也不用在狭窄、危险的道路上绕行。此外，京新高速的建设者们也与当地牧民互帮互助，建立起了深厚的情谊。京新高速不仅串联起了车水马龙的现代都市和安然静谧的戈壁荒漠，也串起了建设者与当地牧民的心。

京新高速向沙漠深处延伸

（上页图）最美公路——永吴水上公路

江西省九江市永修县境内的永吴公路大湖池段全长 5.05 公里，为三级过水公路，2013 年 11 月双向建成开通。公路两端连接着两个别样的世界，一端是素有小九寨沟之称的永修县，另一端是有着上千年历史的“珍禽王国”吴城镇，途经著名的鄱阳湖候鸟保护区。出于保护鄱阳湖候鸟栖息地和泄洪的考虑，公路没有设置过高的路基，没想到因此造就了别样旖旎的风光。每年夏季六七月份的时候，鄱阳湖进入汛期，当水位逐渐上涨至 18.67 米时，湖水会漫过永吴公路大湖池段，只剩下路两侧红白相间的路桩默默为过往车辆指路，以防司机无法分辨路基而开出道外。此时长达 5 公里的永吴公路犹如一条蛟龙，水中有路，路在水中，形成了一道“水天一色”的独特景观。

最美生态环保水上公路——古昭公路

2015年8月9日，昭君故里湖北省兴山县的古昭公路正式通车，全长10.5公里，总投资4.4亿元。

古昭公路连接长江三峡、神农架、武当山，为减少对环境的影响，兴山县摒弃了开山修路或打隧道的方案，而是采用水上架桥，减少了工程占地面积。桥梁与道路从来都是密不可分，用部分高架桥代替高路堤，能够使得道路跨越地形，节约用地，让道路的延展更加经济与自由。

古昭公路是中国首条水上生态环保公路，沿古夫河建成，盘桓蜿蜒，两岸山清水秀，风景秀美。公路与周围的峡谷溪流完美融合，路在景中，景在路上，令人宛如置身仙境。

结束中国最后一个不通公路县历史的墨脱公路

墨脱，在藏语里是“隐蔽的莲花”。未通公路的墨脱县，隐藏在海拔 4700 米的嘎隆拉雪山之后。

20 世纪 90 年代的墨脱县，通向教育的道路困难重重。去学校上学，意味着一次次翻山越岭。路途的艰险导致墨脱县的教育普及严重受阻，乡民大多不愿意让孩子上学。

2013 年 10 月 31 日，墨脱到波密的墨脱（扎墨）公路正式通车，从此墨脱不再是难以抵达之地，墨脱人民的公路梦不再空悬，填补了国内交通史上的一大空白，结束了全国仍有县城不通公路的历史。墨脱公路对于西藏的意义，绝不亚于青藏铁路，它是中国交通人心中的另一条天路，几代交通人为之付出了大量的心血甚至生命。

铁 路

十八大以来，交通运输部门在新的历史起点上全面深化改革，从政府、市场、社会三个维度破除障碍，完善现代治理体系，激发市场活力，开辟了发展新空间。

我国铁路发展取得了举世瞩目的成就，铁路网规模和质量、技术装备水平、运输安全水平等方面都有了长足的进步，中国成为名副其实的铁路大国。

基础设施规模迅速扩大，截至 2020 年 7 月，我国铁路运营里程已达 14.14 万公里，居世界第二；高铁里程 3.6 万公里，居世界第一。北京、上海等大城市之间实现了 1000 公里 4 小时通达，2000 公里 8 小时通达。运输服务品质不断提升，铁路和地铁安全互信的车站数量进一步扩大，站内高效换乘的高铁站扩大到 50 个，高铁 + 共享汽车覆盖 24 个城市，旅客出行更加便捷。互联网售票比例超过了 80%，人们彻夜排队买票的情景成为历史。

开放合作进一步扩大，中欧班列迅速增长，目前已形成西中东三条运输通道、4 大口岸、5 个方向、6 大线路的格局，可由我国 70 个城市到达欧洲 21 个国家的 70 个城市。绿色发展成效显著，2019 年，铁路单位运输工作量综合能耗较 2012 年下降了 17%，铁路整体能效水平不断提高。

穿越油菜花海

桥梁

广袤大地，长虹飞架。十八大以来，中国桥梁突飞猛进，实现跨越式发展。据统计，全球超过一半的大跨度桥梁都在中国，世界第一高桥——北盘江大桥，世界最长的跨海大桥——港珠澳大桥……世界桥梁记录不断被刷新，还有其他世界级桥梁正在建设中，每一座桥梁都是中国跨度，每一座桥梁都是世界奇迹，向世界展示了中国的“桥梁力量”，其背后彰显的是党领导人民逢山开路、遇水架桥的砥砺奋进的精神，更是中华民族乘风破浪勇攀高峰气魄的写照，揭示了中国自信的深层力量。

2020 年 7 月沪苏通长江公铁大桥实现通车，它是世界上最大跨径的公铁两用斜拉桥，跨度超过 1 公里，是世界首创。2019 年 4 月，世界第一跨度钢箱梁悬索桥——南沙大桥正式建成通车，打通了珠江东西两岸的主动脉。2018 年，港珠澳大桥建成通车，缩短了香港、珠海和澳门三地间的时空距离，开创了多项世界纪录，为世界桥梁建设树立了新标杆。2020 年 12 月建成通车的五峰山长江大桥，是当今世界上跨度最大、荷载最大、设计速度最快的公铁两用悬索桥，也是世界上首座跨度超过 1 公里的公铁两用悬索桥，代表着当今世界公铁两用桥的最高水平。

21 世纪，中国的桥梁建设吸引着世界目光，从“中国制造”到“中国创造”，敢于尝试，大胆创新，中国桥梁建设不断攀越世界高度，成为奋进中国的一张新名片。奋勇向前的中国人正用智慧成就伟大的中国梦，用汗水铸就新的世界奇迹。

北盘江第一桥

（上页图、上图）云端上的桥——北盘江大桥

跨越深沟壑、大峡谷的大跨度桥梁成为真正名副其实的要隘。无论是悬索桥、斜拉桥还是拱桥，都是现代工程技术挑战极端地形地貌条件的智慧结晶。北盘江大桥是跨越北盘江大峡谷的杭瑞高速上的一座主跨 720 米的斜拉桥。

大桥位于贵州省六盘水市水城县都格镇与云南省宣威市普立乡的交界处，地形为喀斯特地貌区，施工难度极大，沿江 10 公里的山体地貌石灰岩密布，山体硬度极差，为躲避遍布山体的溶洞和裂隙，设计人员不断将桥的位置往高处移，最终将桥面定在令人眼晕的 565 米高度。

大桥 2016 年竣工通车，人们驾驶汽车穿梭群山之中，漫步云端之上，感受着祖国大好山河带来的极致体验。

北盘江第一桥

世界最高的大桥——北盘江大桥

世界最大跨径钢桁架斜拉桥——北盘江大桥

穿越雪山的果子沟大桥

美丽的果子沟大桥

俯瞰港珠澳大桥

世界上跨度最大的双层悬索桥——杨泗港长江大桥

杨泗港长江大桥位于武汉市中心城区， 2019 年建成通车。大桥为主跨 1700 米的单跨双层钢桁梁悬索桥，桥面宽 32.5 米。上层布置双向六车道，下层为双向四车道加人行道和非机动车道，是目前国内跨度最大的悬索桥，也是世界上跨度最大的双层悬索桥。主缆设计首次采用了单根直径 6.2 毫米、抗拉强度 1960 兆帕的大直径高强钢丝，推动了国产高强钢丝材料性能和生产技术的进步。

杨泗港长江大桥吊装的钢梁节段重达 1000 吨，“千吨级”钢梁的整体安装在国内尚属首次。得益于大节段吊装技术，大桥主梁仅 36 天就完成安装。

（上页图）运行速度最快、运行荷载最大、跨度最大——五峰山长江公铁大桥

五峰山长江大桥线路北起连镇高速铁路，桥梁总长 6409 米，主跨长 1092 米，桥面上层为双向八车道，设计速度为 100 公里 / 小时，下层为四线高速铁路，设计速度为 250 公里 / 小时，2020 年 12 月建成通车。大桥钢桁梁总重约 72000 吨。两片主桁间距 30 米，桁高 16 米，节间长度 14 米。加劲梁标准节段重约 1400 吨。北侧桥塔高 203 米，南侧桥塔高 191 米。主缆由 352 束索股组成，直径 1.3 米，每束索股由 127 根 5.5 毫米的镀锌高强钢丝组成，索股长约 1933.6 米、重约 46 吨。每个吊点处设置两根吊索，每根吊索由 337 根钢丝组成。

重庆两江大桥沟通渝中区与南岸区、江北区

东水门长江大桥和千厮门嘉陵江大桥分别位于渝中半岛的东水门和千厮门处，东水门长江大桥连接渝中区和南岸区，千厮门嘉陵江大桥连接渝中区和江北区。两桥均采用公轨合建的形式，为适应渝中半岛桥位处复杂的地形和有限的位置，均采用双层桥梁形式。

东水门大桥主跨为 445 米，南侧边跨为 222.5 米，北侧为 190.5 米。千厮门大桥的各跨从南至北分别为 88 米、312 米和 240 米。

隧 道

2013 年以来，我国铁路隧道修建过程中遭遇的地质环境越来越复杂，设计标准越来越高，施工和运营的技术难度不断增加，新的技术难题不断涌现。科研技术人员和一线施工技术人员以问题为导向，迎难而上，披荆斩棘，取得一个又一个胜利，不断书写铁路隧道史上的新篇章。

高速公路和干线公路的修建带来了长隧道、大断面隧道数量的迅速增加，一般公路的修建带来短隧道、中小断面隧道数量的迅速增加。2012 年起，公路隧道的建设规模首次超过了铁路隧道的建设规模。近十年来，公路隧道的建设成就斐然，一大批高科技含量的公路隧道举世瞩目。

世界上海拔最高的公路隧道——川藏线雀儿山隧道

雀儿山隧道位于川藏公路北线甘孜县至德格县岗托乡之间，东距成都约 900 公里，西距西藏地界约 150 公里，是翻越雀儿山的关键性工程。线路全长约 12 公里，其中，施工线路长 8.955 公里，雀儿山隧道长 7.079 公里，双向两车道，总投资 11.5 亿元。在海拔 4300 米的雪域高原上施工，需攻克冻土、涌水、断层、岩爆和通风供氧等施工难题，是目前世界上海拔最高的公路特长隧道。雀儿山隧道于 2012 年开工建设，2016 年 11 月 10 日正式贯通，2017 年 9 月 26 日正式通车。

百年之后，长城脚下又建隧道——新八达岭隧道

一百多年前，中国的“铁路之父”詹天佑在主持设计和监建京张铁路时，为了尽可能缩短隧道长度，绞尽脑汁，用“人”字形设计方案破解了巨大的施工难题。今天，他的后继者们再不需要去想缩短隧道长度的问题了。在京张高铁的建设中，他们采用特长隧道——新八达岭隧道，直线穿越八达岭，而且精准选择爆破参数，保证长城这一世界文化遗产完好无损；他们还在长城脚下建造了世界上埋深最大的车站——八达岭车站，又一次创造了隧道奇迹。这是对隧道先驱们的致敬和告慰！

济南黄河隧道

济南黄河隧道被誉为“万里黄河第一隧”，是一条公路地铁共行的隧道。济南黄河隧道将于2021 年 10 月建成开通。届时，开车最快 4 分钟、乘坐地铁 2.5 分钟就可穿越黄河。

郭尧 摄

城市道路

党的十八大以来，中国城市交通发展取得历史性成就，进入高质量发展的新时代。综合交通网规模进一步扩大，质量大大提升。城市轨道交通再迈新台阶，截至 2020 年 12 月 31 日，中国内地累计有 45 个城市开通城市轨道交通运营线路 7978.19 公里。交通运输新业态模式不断涌现，“互联网 + 交通”模式深刻改变着人们的出行方式。发达的快速交通网、完善的干线网、广泛的基础网，基本形成市区 1 小时通勤、城市群 2 小时通达、全国主要城市 3 小时覆盖的“全国 123 出行交通圈”和国内 1 天送达、周边国家 2 天送达、全球主要城市 3 天送达的“全球 123 快货物流圈”。旅客联程运输便捷顺畅，货物多式联运高效经济。智能、平安、绿色、共享交通发展水平明显提高，城市交通拥堵基本缓解，无障碍出行服务体系基本完善。

正在行驶的北京地铁 15 号线列车

重庆轨道交通李子坝轻轨站，因列车穿楼而过成为网红车站。

李子坝站
Liziba Station

郑州市陇海路—中州大道互通式立交桥

乡村公路

乡村公路是公路网的重要组成部分，是保障农村社会经济发展最重要的基础设施之一，包括县道、乡道和村道三个层次，一般属于低等级公路。

乡村公路是乡村建设的“先行官”。作为农村经济社会发展的基础保障和重要载体，乡村公路不仅是农民群众安全便捷出行、促进农村产业发展和经济增长的重要基础，也是农村居民享受教育、医疗等基本公共服务的前提。有了路，才能让绿水青山真正变成村民们的“金山银山”。

乡村公路是游客接触认识乡村的第一张“名片”。乡村公路作为连接城乡的一道枢纽，是乡村旅游可持续发展的前提，是实现美丽乡村的内在要求，是破解贫困地区经济社会发展瓶颈的关键。将乡村公路修建好，才能让乡村旅游更健康发展，才能让村民们从“美丽乡村”建设的成果中得到实惠，实现全面小康。

1978 年，中国农村公路里程只有 58.6 万公里。改革开放后，国家加大对农村公路的支持力度，为乡村公路提供制度性保障，交通运输部陆续出台了各项规范保证乡村公路的质量。截至 2020 年 9 月，中国的乡村公路总里程已经达到 420 公里，许多乡村充分利用公路这一线性空间，打造其美学功能，依山就势、因地制宜、融合周边环境进行营造，让美景融入路景。乡村公路，已成为一道独特的风景线。

福建省寿宁县下党乡

道路上的寿宁巨变

十月的寿宁秋高气爽，到处都是一片黄澄澄的丰收景象。阡陌纵横的大熟洋（寿宁西北部最大的高山盆地）上，稻香飘出深山幽谷，稻浪溢满房前屋后。隆隆的打谷机声穿透画面，收购、运输的车队开进画里。这就是被喻为“车岭车上天，九岭爬九年”的寿宁发生巨大变迁的缩影。30 年前，时任宁德地委书记的习近平同志“九到寿宁、三进下党”，深入寿宁大地，提出了精准

扶贫措施。寿宁人民发扬“弱鸟先飞、滴水穿石”的精神，坚定信心、埋头苦干走出了一条脱贫致富的路子。2019 年 8 月，习近平总书记得知寿宁下党乡实现了脱贫并给予回信，这是对寿宁下党乡、寿宁人民的巨大鼓舞。30 年间，山乡人民不断走向幸福，伟大的中国梦正在变成现实……

西藏山南措美县河谷农田自然风光

命运攸同　通向世界

历史上的大多数时期，中国是开放的国度，无论汉代出使大秦、大唐玄奘天竺求经，还是宋元时期繁荣的海外贸易，以至明代前期郑和下西洋，官方和民间对世界的态度都是积极的。只是，明朝中后期和清朝开始奉行闭关锁国政策，致使中国错失了加入近代世界大发展浪潮的机会。19 世纪中叶，随着列强的枪炮声，腐朽的清王朝被迫打开国门，中国由此逐渐堕入半殖民地半封建国家的深渊。中华民国建立以后，尤其是抗日战争胜利之后，中国开始进入世界舞台中心，但这种脆弱的国力终不能支撑“四大强国之一”的称号。直到新中国成立，中国人民才开始独立自主的道路；尤其是改革开放以来，中国国力迅速增强，从站起来到富起来再到强起来。而这一切，中国与世界是共赢的。

2013 年 9 月和 10 月，习近平总书记分别提出建设“新丝绸之路经济带”和“21 世纪海上丝绸之路”的合作倡议。依靠中国与有关国家既有的双多边机制，借助既有的、行之有效的区域合作平台，“一带一路”旨在借用古代丝绸之路的历史符号，高举和平发展的旗帜，积极发展与沿线国家的经济合作伙伴关系，共同打造政治互信、经济融合、文化包容的利益共同体、命运共同体和责任共同体。

2015 年 3 月 28 日，国家发展改革委、外交部、商务部联合发布了《推动共建丝绸之路经济带和 21 世纪海上丝绸之路的愿景与行动》。截至 2019 年 3 月底，中国已与 125 个国家 29 个国际组织签署 173 份合作文件。

2019 年，我国对“一带一路”沿线国家进出口总额 92690 亿元，比上年增长 10.8%。其中，出口增长 13.2%，进口增长 7.9%。双向投资深入发展。2019 年，我国对“一带一路”沿线国家非金融类直接投资额达 150 亿美元，在对外总投资中的比重比上年提高 0.6 个百分点；“一带一路”沿线国家对华直接投资金额达 84 亿美元，增长 30.6%。

铁 路

基础设施建设是“一带一路”的重点合作领域，国际“一带一路”重点基础设施项目有序推进，其中铁路建设备受关注，重点项目包括中老铁路、中泰铁路、匈塞铁路、雅万高铁等。2021 年 4 月 1 日，中（国）老（挝）昆（明）万（象）铁路国内玉溪至磨憨段铺轨顺利到达云南省普洱市宁洱县，实现全线铺轨任务过半，为年底开通运营奠定了基础。届时从中国边境到万象只需 4 个小时，多山缺路的老挝将实现从“陆锁国”变为“陆联国”的梦想。泛亚铁路东线、巴基斯坦 1 号铁路干线升级改造、中吉乌铁路、中国—尼泊尔跨境铁路等正在积极推进。中欧班列初步探索形成了多国协作的国际班列运行机制。中国、白俄罗斯、德国、哈萨克斯坦、蒙古国、波兰和俄罗斯等 7 国铁路公司签署了《关于深化中欧班列的合作协议》。

2017 年 9 月 15 日，载满货物的中欧班列从威海港徐徐驶出，直奔德国杜伊斯堡

唐克 摄

国际列车正在通过中越大桥

云南省红河州河口县河口镇是中越边境上的一个小镇，是中国的开放口岸，是滇越铁路中国段的终点，著名的中越铁路大桥就坐落在这里。中越铁路大桥建于 1903 年，它横跨南溪河，将河口和越南的老街连接起来，中越国界就在大桥中间，北段由中方管辖，南段由越方管辖。百年沧桑，百年商埠河口口岸依然一片繁忙，两国人民互通往来，融洽相处。2009 年中越公路大桥竣工通车，中越之间又增添了一条往来通道。

陈一年 摄

全国最大的陆路口岸——满洲里国门

满洲里西临蒙古国，北接俄罗斯，是全国最大的陆路口岸城市。设有边境经济合作区、中俄互市贸易区、东湖区、国际物流产业园区、敖尔金区等 5 个管理区。

РОССИЯ

百年老站绥芬河铁路口岸

绥芬河中俄铁路口岸的货运和旅客列车。绥芬河既是中国东北地区对外开放、参与国际分工的重要窗口和桥梁，也是承接我国振兴东北和俄罗斯开发远东两大战略的重要节点城市，被誉为连接东北亚和走向亚太地区的“黄金通道”。

公 路

基础设施互联互通是“一带一路”建设的优先领域，近年来，中国积极推进“一带一路”沿线国家公路建设，中巴喀喇昆仑公路升级改造二期、巴基斯坦卡拉奇至白沙瓦高速公路等一批具有标志性意义的重大项目顺利推进。2019 年 11 月巴基斯坦喀喇昆仑公路二期工程赫韦利扬至曼塞赫拉高速公路通车，标志着这一中巴经济走廊早期收获项目建设取得重大进展。2020 年 12 月，中巴经济走廊最大交通基础设施项目——巴基斯坦 PKM 高速公路（白沙瓦至卡拉奇高速公路苏库尔—木尔坦段）项目 TOC 证书签发仪式举行，标志着项目正式移交通车，实现完美履约。公路的畅通使国际运输服务网络逐步完善，加强了与沿线国家经贸合作，在推动“一带一路”建设方面发挥了先行和基础作用。

美丽的边陲小镇——樟木镇，中国和尼泊尔之间的主要通道

西藏自治区樟木镇东南西三面与尼泊尔接壤，国家一级公路中尼公路于此经过，所以樟木既是中国和尼泊尔之间的主要通道，又是中国通向南亚次大陆最大的开放口岸。

TRANSPORT
शुभ
यात्रा
TATA
BAJRATRANSPORT

绥芬河口岸

绥芬河口岸拉满货物的俄罗斯货车。

红其拉甫口岸

红其拉甫口岸位于中国新疆喀什地区塔什库尔干塔吉克自治县境内，同巴基斯坦毗邻，北距塔什库尔干县城 125 公里，是国家批准对外开放的一类口岸，1986 年 5 月 1 日正式向第三国人员开放。

通往红其拉甫口岸的国道，风景如画。

连接中国喀什与巴基斯坦塔科特的喀喇昆仑公路，穿越喀喇昆仑山脉、帕米尔高原，中巴双方七百多人为修建该公路付出了生命。这条公路既见证了中巴友谊，同时又是一条雪山景观大道，沿途有乔戈里峰、公格尔峰、慕士塔格等一百多座海拔超过 7000 米的山峰。